Son superbe coursier qu'on voyoit autrefois,
plein d'une ardeur si noble obéir à sa voix,
l'œil morne maintenant et la tête baissée,
semble se conformer à sa triste pensée.

RAPPORT AU ROI,

SUR LA SITUATION DE LA FRANC[E]

ET SUR LES RELATIONS AVEC LES ARMÉES ÉTRANGÈRES,

Fait dans le conseil des Ministres, le 15 août 1815,

PAR LE DUC D'OTRANTE;

DEUXIÈME RAPPORT

Fait au Roi, le 25 août 1815;

ET

TROISIÈME RAPPORT

DU DUC D'OTRANTE,

SUIVI DU

DISCOURS DE DÉMISSION

DES DERNIERS MINISTRES,

LE PRINCE DE TAYLLERAND PORTANT LA PAROLE.

A PARIS.

1815.

RAPPORT

AU ROI,

SUR LA SITUATION DE LA FRANCE

ET SUR LES RELATIONS AVEC LES ARMÉES ÉTRANGÈRES,

Fait dans le conseil des Ministres, le 15 août 1815,

PAR LE DUC D'OTRANTE.

———

LES ravages de la France sont à leur comble; on ruine, on dévaste, on détruit, comme s'il n'y avait pour nous ni paix ni composition à espérer. Les habitans prennent la fuite devant les soldats indisciplinés, les forêts se remplissent de malheureux qui vont y chercher un dernier asile. Les moissons vont périr dans les champs ; bientôt le désespoir n'entendra plus la voix d'aucune autorité, et cette guerre, entreprise pour assurer le triomphe de la modération et de la justice, égalera la barbarie de ces déplorables et trop célèbres invasions dont l'histoire ne rappelle le souvenir qu'avec horreur.

Les puissances alliées ont trop hautement proclamé leur doctrine, pour qu'on puisse douter de leur magnanimité. Quel avantage peut-on retirer de tant de maux inutiles ? N'y aurait-il plus de liens entre les peuples? Veut-on retarder la réconciliation de l'Europe avec la France ?

L'une des vues des Souverains semblait être d'affermir le gouvernement de V. M., et son autorité est sans cesse compromise par l'état d'impuissance où on l'a réduit. Son pouvoir est même rendu odieux par les maux dont elle semble être complice, parce qu'elle ne peut pas les empêcher. V. M. a signé comme Alliée le traité du 25 mars, et on lui fait la guerre la plus directe.

Les Souverains, cependant, reconnaissent l'état des lumières en France. Aucun raisonnement, aucune espèce de faute, aucun genre de convenance, n'échappent à la pénétration des Français. Le peuple, quoique humilié par la nécessité, s'y résigne avec courage. Les maux seuls qu'il ne peut supporter sont ceux qu'il ne peut comprendre. V. M. n'a-t-elle pas fait, pour l'intérêt des puissances et pour la paix, tout ce qui ne dépendait que de ses efforts ? Bonaparte a été, non-seulement dépossédé, mais il est dans les mains des alliés ; sa famille est également en leur pouvoir , puisqu'elle est sur leur territoire: les Chambres ont été dissoutes. Il n'y aura bientôt dans les fonctions publiques que des hommes amis de la paix et dévoués. On avait craint les Bonapartistes, quoiqu'aucun d'eux ne puisse plus être dangereux : V. M. a cependant accordé à ce sujet tout ce qui pouvait être réclamé pour l'exemple.

Si, après avoir vaincu la France, l'on prétendait qu'il reste encore à la punir, ce langage auquel on n'aurait pas dû s'attendre d'après les promesses des Souverains, exigerait qu'on voulût bien en peser toutes les conséquences. De quoi voudrait-on nous punir ? Est-ce à nous d'expier l'ambition d'un seul homme, et les maux qu'elle a faits ? Nous étions les premières victimes. Nous en avions deux fois délivré l'Europe ; et ce n'est pas en pays étrangers, c'est en

France, sur-tout, que la terreur a constamment troublé son repos. Malgré sa puissance, jamais il n'est parvenu à rendre la
guerre nationale. Des instrumens ne sont
pas des complices : et qui ne sait pas que
celui qui exerce la tyrannie, trouve toujours
dans la multitude une force suffisante pour
se faire obéir ! On nous reproche jusqu'à
ses succès : ils se compensent par assez de
revers. Quelle image nous apportait l'an-
nonce de ses victoires, si ce n'est celle des
conscriptions qui venaient de périr, et celle
des nouvelles conscriptions que le fer des
combats allait moissonner. Nous les ex-
pions, comme toute l'Europe, par le même
deuil et par les mêmes malheurs.

L'armée est soumise à V. M.; mais elle
existe encore. Nous devons nous expliquer
à ce sujet avec franchise; ce qui reste
d'existence à l'armée ne se rattache plus

qu'à la pacification et à la tranquillité publique. Son état de réunion, bien loin d'être un mal, empêche le mal de s'étendre. La rentrée des soldats dans le sein du peuple ne sera d'aucun danger, quand la fin de la guerre laissera au peuple les moyens de reprendre ses occupations et ses habitudes; mais avant ce moment, mais, quand la fermentation n'est pas encore éteinte, ni l'obéissance rétablie, ce mélange de soldats avec les citoyens ne ferait que jeter de nouvelles matières inflammables dans un incendie.

Il est bien affligeant de penser que cet état de choses n'a sa cause que dans l'erreur de quelques cabinets, et dans le jugement qu'ils portent de la situation de la France. Il dépend d'eux que tous leurs desirs soient remplis; il n'y a point de sacrifices auxquels un peuple éclairé ne soit prêt à se soumettre, s'il voit le but pour lequel on l'exige, et s'il y trouve du moins un moyen de prévenir de plus grands maux : telle est la position, tel est le vœu de tous les français. Veut-on, au contraire, obtenir des mesures préparatoires par des plans inconnus : c'est demander une chose impossible. Il n'y a point d'obéissance aveugle en France ; les puissances n'ont encore fait connaître aucun de leurs desirs ; personne ne sait quelle idée il doit se faire du gouvernement de V. M., ni même de l'avenir.

L'anxiété et la défiance sont à leur comble, et tout paraît un sujet de terreur au milieu de cette obscurité ; mais d'un seul mot toutes les dispositions des esprits seraient changées ; il n'y aurait d'obstacles à aucune mesure, si elles faisaient partie d'un plan général qui offrirait par son ensemble quelques consolations à l'obéissance.

2.

Que les Souverains daignent donc s'expliquer ! Pourquoi voudraient-ils se refuser à ces actes de justice ? qu'ils daignent réunir toutes leurs demandes, comme autant de conditions du repos des peuples, et que notre accession à toutes leurs vues fassent partie d'un traité réciproque, il n'y aura plus alors de difficultés.

Les Souverains ne remarquent peut-être pas assez dans quel cercle d'embarras et d'obstacles ils nous placent et se placent eux-mêmes : nous avons besoin du bon ordre pour les seconder, et de leur explication pour rétablir le bon ordre. Veulent-ils des sacrifices qu'exigent des répartitions et une prompte obéissance, il faut pour cela que l'autorité de V. M. soit pleine et entière. Rien n'est possible, rien n'est exécutable, si la paix n'existe pas de fait, du moins provisoirement ; et bien loin d'être en paix, nous éprouvons tous les fléaux de la guerre. Que les Souverains prêtent du moins quelqu'attention à leurs intérêts. Quand tout sera ruiné autour de leurs armées, comment celles-ci trouveront-elles leur subsistance ? N'y a-t-il aucun danger à disséminer les troupes ? toutes les armes ne sont pas enlevées, et toute arme ne devient-elle pas meurtrière dans les mains du désespoir ? Sous le rapport des contributions de guerre, quel nouveau sacrifice aura-t-on à demander là où le soldat aura tout détruit ? Sous le rapport de la force des armées, la discipline, une fois altérée, a bien de la peine à se rétablir. L'Allemagne est bien loin de s'attendre qu'après une campagne glorieuse on lui ramène ses soldats corrompus par un esprit de licence, de rapine et de pillage. Tout aurait dû distinguer cette guerre des autres, au lieu d'imiter et de surpasser en France les excès contre lesquels les Souverains s'étaient armés. Leur gloire même sera-t-elle satisfaite ? Nous avons fait tout ce qu'ils ont desiré, et de leur côté tout ce qu'ils avaient annoncé au monde se trouve accompli, hors un seul point.

Quel contraste entre ce qui se passe et leur promesse solennelle ! Ce siècle est celui de la raison et de la justice, et jamais l'opinion publique n'a eu plus de puissance. Qui pourra donc expliquer des maux si excessifs, après la promesse de tant de modération ? La guerre actuelle a été entreprise pour servir la cause de la légitimité, et cette conduite, cette manière de la faire est-elle propre à rendre plus sacrée l'autorité de V. M.? On a voulu détrôner et punir celui qui se faisait un jeu des malheurs des peuples, et l'on exerce sur la France soumise la même violence et la même inhumanité! Toute l'Europe a pensé que l'entrée des Souverains dans Paris terminerait la guerre : que pense-t-on en apprenant que c'est alors seulement que les excès de l'oppression ont commencé sans combats et sans résistance.

Les maux que l'on nous reproche d'avoir fait aux autres n'ont jamais été aussi grands ! Jamais du moins ils n'ont eu lieu quand l'emploi des armes n'avait aucun but, et fût-il vrai que nous eussions donné l'exemple d'un tel abus de force, devrait-on l'imiter, puisqu'on nous en fait un crime ? On sait dans le Nord, on sait en Prusse, ce que notre défaut de modération a produit d'énergie et d'esprit public dans nos ennemis : il n'y aurait donc plus de termes aux désordres de l'humanité, si les vengeances alternatives devenaient un droit de la guerre, car les peuples ne meurent jamais ?

V. M. daignera-t-elle me permettre d'insister sur une dernière considération! Tant que la France aura quelque chose à conserver, et qu'elle sera soutenue par l'espérance de se maintenir en corps de nation, aucun sacrifice ne lui sera impossible, et tous les plans d'une équitable politique pourront encore s'exécuter; mais, le jour où les habitans auront tout perdu, où leur ruine sera consommée, on verra commencer un nouvel ordre de choses, une nouvelle série d'évènemens, parce qu'il n'y aura plus ni gouvernement ni obéissance : une fureur aveugle succédera à la résignation; on ne prendra plus conseil que du désespoir; des deux côtés on ravagera; le pillage fera la guerre au pillage; chaque pas des soldats étrangers sera ensanglanté; la France alors aura moins de honte à se détruire elle-même, qu'à se laisser détruire par des hordes étrangères.

Le moment approche : déjà l'esprit national prend cette affreuse direction ; une fusion se forme entre les partis les plus opposés ; la Vendée elle-même rapproche ses drapeaux de ceux de l'armée ; dans ces excès de calamités, quel autre parti restera-t-il à V. M., que celui de s'éloigner ? les magistrats quitteront de même leurs fonctions, et les armées des Souverains seront alors aux prises avec des individus affranchis de tous les liens sociaux. Un peuple de 30 millions d'habitans pourra disparaître de la terre ; mais dans cette guerre d'homme à homme, plus d'un tombeau renfermera, à côté les uns des autres, et les opprimés et les oppresseurs.

MÉMOIRE

PRÉSENTÉ AU ROI,

Le   *août* 1815.

———

Sire,

Je viens d'exposer à V. M. la situation de son royaume dans ses rapports avec les armées étrangères. Les désordres dont j'ai eu l'honneur de lui rendre compte sont passagers; la résignation les adoucit, le tems les réparera, la cause en est connue; mais il y en a d'autres plus graves, dont je dois mettre le tableau sous ses yeux.

La France est en guerre avec elle-même. Nous sommes menacés de tous les maux qui peuvent naître du soulèvement des passions et du choc des opinions. Tant de tempêtes politiques nous ont agités depuis vingt-cinq ans ; on s'est jeté avec tant de violence dans des parties contraires ; il en est résulté tant de dissentions publiques et privées, tant de divergence dans les actions, dans les vœux et dans les craintes, qu'il ne suffirait plus de rallier les volontés, si l'on ne rallie en même tems les opinions, en mettant la paix dans les cœurs, en assurant le repos de tous les intérêts.

Tout est danger ou obstacle dans les élémens dont nous sommes environnés. La plupart des hommes énergiques qui ont abattu et renversé le dernier pouvoir, n'ont cherché qu'à mettre un terme à la tyrannie ; tout gouvernement arbitraire les compterait de nouveau parmi ses ennemis. Ce n'est pas seulement par la lutte de deux gouvernemens, c'est par la différence des principes que la guerre s'est rallumée dans la Vendée. On pose les armes, mais la guerre n'est pas éteinte ; une opposition de la même nature agite et désunit toutes les classes de citoyens et jusqu'aux membres de chaque famille : elle a son foyer dans les passions les plus ardentes, dans le desir comme dans la crainte de voir triompher les anciennes opinions.

Les malheurs publics ne font qu'augmenter nos discordes ; les deux partis s'aigrissent par leurs reproches et par leurs menaces de réaction, en se provoquant par leurs espérances. Tous se soumettent au Roi, tous auront du moins le langage de la soumission ; mais les uns demandent, comme une condition de leur fidélité, que les droits du peuple soient maintenus, les autres au contraire veulent rétrograder et que tout soit remis en question, afin que l'état présent décide en leur faveur tout le passé.

Enfin l'on dirait, sous le rapport de l'opinion publique, que la France renferme deux nations aux prises l'une avec l'autre. Il ne faudrait qu'un degré de plus de fureur pour dissoudre le lien social, et il suffirait de quelques fausses mesures, de la part du gouvernement, pour produire un embrâsement général.

Il y a, sous le rapport de l'opinion publique et du choc des passions, des nuances distinctes entre les divers départemens, entre les citoyens et l'armée, entre les partis et les factions.

Les esprits sont plus calmes dans le centre de la France, l'obéissance y sera plus prompte ; mais il faut faire une classe à part de la Capitale. Celle-ci n'est plus et ne peut plus être ni la règle, ni l'image des provinces, depuis qu'une opinion factice y prend si facilement la place de l'opinion réelle : chaque parti y trouverait des auxiliaires et des complices pour un triomphe momentané, et l'on aurait tout à craindre de ses moindres agitations, tandis que son repos, le plus parfait en apparence, ne peut jamais donner qu'une faible sûreté.

Le Nord a montré de la modération, et V. M. en a reçu des preuves d'attachement. Le caractère de ses habitans le rend difficile à agiter. Un régime constitutionnel, sous le gouvernement du Roi, remplirait le vœu des départemens du Nord.

L'Ouest offre un spectacle effrayant. Un grand nombre d'individus, dans la Vendée, dans le Limosin et dans le Poitou, sont dévoués au Roi;

mais depuis vingt ans, soit erreur, soit passion, ils confondent la cause de l'ancien régime avec la cause royale. Un zèle imprudent regarderait peut-être comme un avantage de pouvoir compter sur cette population armée, sur ces paysans crédules, simples, ignorans, qu'une longue guerre civile a rendu soldats, et qui obéissent à leurs chefs avec la plus aveugle soummission. Cette erreur doit fixer l'attention de V. M. L'emploi de ces soldats, l'appui de cette armée perdraient sans retour la royauté, parce qu'on y verrait le projet évident de placer la contre-révolution sur le trône.

Il ne faut pas croire néanmoins que l'opinion soit unanime dans ces départemens; on y a formé des fédérations armées; une partie des villes est opposée aux campagnes, et les acquéreurs de biens nationaux y résisteraient à quiconque voudrait les déposséder.

Le royalisme, au Midi, s'exhale en attentats; les bandes armées pénètrent dans les villes et parcourent les campagnes; les assassinats, les pillages se multiplient; la justice est par-tout muette, l'administration par-tout inactive; il n'y a que les passions qui agissent, qui parlent, et qui soient écoutées. Il est urgent d'arrêter ces désordres, car bientôt la résistance, justement provoquée par tant d'excès, serait aussi exaltée que l'agression. Le bas peuple, la majorité des cultivateurs, une partie de la bourgeoisie des petites villes, la population entière des protestans et des religionnaires des départemens des Pyrénées, ne veulent ni troubles, ni réaction. L'Auvergne, quoique soumise, n'a que des opinions constitutionnelles ; à Lyon, deux partis sont en présence.

Du côté de l'Est, l'Alsace, la Lorraine, les Trois-Evêchés, les Ardennes, la Champagne, la Bourgogne, la Franche-Comté, le Dauphiné, offrent un autre genre de danger ; une opposition morale au gouvernement de la dynastie royale y est presque générale. Envahis deux fois par les étrangers, ces départemens ont plus souffert que les autres. Ils avaient plutôt gagné que perdu par le commerce continental ; la quantité de leurs domaines nationaux leur fait craindre davantage les prétentions des anciens possesseurs. C'est aussi dans ces provinces que quelques fautes des précédens ministres du Roi, jugées avec précipitation, avaient excité le plus d'alarmes; c'est-là que la guerre a été le plus nationale.

Je n'ai fait entrer que les opinions dominantes dans ce tableau; aucune de ces opinions cependant n'est sans mélange, la noblesse et le clergé, si l'on excepte la Vendée, n'ont de parti nulle part. On est révolté dans toute la France des excès que commettent dans le Midi les bandes qui se disent exclusivement royalistes. Leur existence même est un état de rébellion. On a partout en horreur le fanatisme, la guerre civile et toute opinion contre-révolutionnaire. On trouverait à peine un dixième des français qui voulussent se rejeter dans l'ancien régime, et à peine un cinquième qui soient franchement dévoués à l'autorité légitime. Cela n'empêchera pas que la grande majorité ne se soumette sincèrement à V. M., en sa qualité de chef de l'état. Cette soumission sera durable; elle prendra même, avec le tems, le caractère de l'amour et de la confiance, si la France est constamment gouvernée sur des idées libérales, éminemment constitutionnelles et entièrement nationales.

Dans la supposition d'une guerre civile, les royalistes absolus domineraient dans dix départemens; dans quinze autres, les partis se balanceraient; dans tout le reste de la France, on trouverait seulement quelques poignées de royalistes à opposer à la masse du peuple; il y aurait des élémens suffisans pour former une armée royale, mais combien durerait la résistance et même la fidélité de l'armée sur laquelle on aurait le plus compté? Il y a aussi un assez grand nombre d'anciens nobles, ou assez de partisans de la Cour dans chaque chef-lieu de département, pour y former une apparence d'opinion publique, et même une majorité assurée dans les colléges électoraux. Il faut en conclure que le parti de la noblesse est encore quelque chose, quand les fonctionnaires publics emploient tous les ressorts du gouvernement pour le soutenir. Est-il privé de cet appui ? la population l'absorbe. Des erreurs graves, à ce sujet, pourraient circuler autour du trône, et c'est pour cela que je m'attache à les faire remarquer. J'aurai d'autres occasions de caractériser l'esprit public, je dois auparavant parler de l'armée.

L'armée s'est soumise par divers motifs : dans

les uns, cette soumission est un retour sincère
à leurs devoirs envers le Roi ; dans beaucoup
d'autres, un effet de la nécessité ; dans le plus
grand nombre, un sacrifice fait au repos de la
France. Elle est maintenant blessée et humiliée
de se voir disloquer et licencier. Cette armée a
été celle des invasions et des conquêtes, le repos
lui sera difficile ; une ambition démesurée de fortune l'avait rendue aventurière, et n'ayant eu à
sa tête et pour général que ce chef belliqueux de
l'état, elle ne pourra de long-tems oublier ses
anciens drapeaux. Devait-on chercher à la mettre
en harmonie avec les autres armées de l'Europe,
en lui donnant des idées modestes , un point
d'honneur moral et monarchique, une sorte de
religion pour la légitimité ? ou bien était-il indispensable de la dissoudre ? Cette dernière
question ne devait pas se décider par les lois
d'une rigoureuse justice, il a fallu plutôt con-
sulter l'art de gouverner l'avenir, et la raison
d'état.

Moins il restera d'anciens officiers et d'anciens soldats dans les nouveaux corps qui vont
se former, plus il s'en trouvera au milieu du
peuple, dans les rangs des mécontens et dans

les séditions. On n'obtiendra pas de long-tems qu'une nouvelle armée soit entièrement étrangère aux intérêts de l'ancienne. Les troubles civils deviendront bien plus graves avec des élémens plus orageux, et s'il survient un choc entre les factions, tout se trouvera comme préparé pour la guerre civile. Dans la moins fâcheuse des suppositions, le licenciement de l'armée va servir de recrutement au brigandage, et il est impossible de ne pas trouver un sujet d'effroi dans le seul mal de rejeter dans une population électrique et déjà si agitée 200,000 hommes mis en opposition avec le gouvernement. Aucune autorité ne peut résister à une immense coalition de malveillance, de haines, de passions, d'intérêts froissés et révoltés.

Un autre danger viendra de l'opposition des opinions politiques, des partis et des factions.

Il y a des traîneurs dans la marche d'un siècle et dans celle de la civilisation. Les lumières mêmes ont des détracteurs, et, quand elles entraînent à des changemens trop précipités et trop étendus, il en naît des résistances et de longues agitations. Le grand contrat de la révolution n'est pas encore terminé par vingt-cinq ans de bouleversement; aucune des anciennes factions n'était encore entièrement éteinte, quand l'invasion de Bonaparte est venue ressusciter tous les partis, en a fait éclore de nouveaux, et a mis à découvert toute l'étendue des factions.

Pour ne parler d'abord que de la simple différence des opinions, si cette différence est extrême, et si elle produit une espèce de déchirement dans l'état, l'autorité a beau gouverner dans le sens de l'opinion qu'elle croit dominante, une autre opinion vient l'entraver et se prétend aussi l'opinion publique. On ne régnerait pas long-tems, si l'on n'avait pour soi que cette minorité, puisque l'appui même de la majorité laisse encore subsister la plus forte résistance. De la part des uns, le sacrifice de ses opinions sera difficile ; de la part des autres, il serait impossible. Il ne restera donc qu'à bien choisir et qu'à faire triompher la raison et la justice sur de vieilles passions et sur d'anciens préjugés. De pareilles contrariétés se rencontrent sans doute dans les autres états de l'Europe; mais elles ne portent pas sur d'aussi grands intérêts,

elles ne s'y joignent pas à tant d'autres oppositions.

Après ce danger vient celui des partis. Sans
compter les royalistes que l'année 1815 retrouve
tels qu'ils étaient en 1789, deux des anciens
partis subsistent encore, les républicains et les
constitutionnels. Si les républicains n'ont pas
été détrompés de tous leurs principes, ils ont
du moins reconnu l'impossibilité de les appli-
quer à un grand état. Ayant cessé par-là d'être
dangereux pour le pouvoir monarchique, ils ne
le sont devenus pour Bonaparte qu'à cause de sa
tyrannie, et, sauf un bien petit nombre d'excep-
tions, vouloir trouver aujourd'hui des bonapartistes dans les rangs des républicains, ce serait
commettre une grande erreur. Ils n'en sont pas
moins opposés au gouvernement du Roi, ayant
de la peine à croire qu'une dynastie qui a tant
souffert de la révolution, et qui l'a si long-tems
combattue, puisse se résoudre soit à oublier et
à pardonner, soit à démentir les anciennes doctrines en donnant des garanties suffisantes à la
liberté publique. Ce seul motif les a portés ré-
cemment à participer à toutes les mesures qui
tendaient à écarter les Bourbons. Qu'une digue

impossible à rompre sépare le passé du présent, que la liberté politique soit affermie sur des bases immuables, à ces conditions on n'aurait jamais rien à redouter des républicains : ils deviendraient même les plus fermes auxiliaires du gouvernement.

Les constitutionnels sont un parti, dans cette acception seulement qu'ils sont opposés aux royalistes, et qu'ils défendent contre eux les droits du peuple, tels qu'ils ont été rétablis pendant la révolution. Mais tout n'a pas été illusion ou crime depuis vingt-cinq ans. On a fait cesser de crians abus et d'odieux privilèges, consacré de sages principes, et opposé de justes barrières à un pouvoir qui n'était contenu que par lui-même. Ce n'est pas sous ce rapport que nous sommes en opposition avec l'Europe : ce qu'une révolution n'aurait pas produit, le seul progrès des lumières l'aurait obtenu, et aujourd'hui que la France connaît ses droits, comment la faire rétrograder ? Il faudrait pour cela qu'il fût au pouvoir de l'homme de détruire ou d'oublier ses propres idées, de se faire d'autres vérités, et de se créer un autre genre d'évidence.

Les constitutionnels révèrent aussi le principe de la légitimité ! On a fait en France deux constitutions monarchiques depuis 1789 ; toutes les deux ont consacré le principe de l'hérédité du trône. Mais de ce que la naissance donne le droit de succéder au trône, faut-il en conclure qu'elle transmet un pouvoir sans bornes ? perpétue-t-elle la manière de gouverner, parce qu'elle perpétue la dynastie ? et n'y a-t-il pas une distinction à faire entre la désignation de prince et la nature de son autorité ? La première, sans doute, est réglée par la naissance ; c'est aux lois nationales à régler le pouvoir.

Voilà les principes des constitutionnels.

Ce parti cependant, on ne doit pas se le dissimuler, quoiqu'il n'hésita pas à se le soumettre, n'a pas cessé depuis une année d'être en opposition avec le gouvernement du Roi en 1814. C'étaient principalement les constitutionnels qui censuraient sans ménagement, qui attaquaient sans relâche, la plupart des mesures et des actes de l'autorité ; et quand une pareille lutte s'établit, quand on parvient à y associer la multitude, une révolution n'est pas éloignée.

Cette opposition fit découvrir une foule de partis qui ne s'étaient pas encore montrés. On disait généralement que le règne des Bourbons ne serait pas de longue durée, qu'une crise allait survenir, ou par quelque entreprise de la Cour, ou par un soulèvement du peuple. Les uns parlaient alors d'appeler au trône un prince étranger, d'autres se prononçaient pour le Duc d'Orléans, un plus grand nombre encore pour la régence. Il semblait qu'une espèce de révolution morale était déjà faite dans les cœurs et dans les esprits, et cette circonstance, jointe à la trahison, n'explique que trop bien la facilité avec laquelle Bonaparte s'est remis sur le trône, et l'impossibilité où la Cour s'est trouvée de se défendre. Dans un autre moment non moins décisif, celui où Bonaparte venait de donner son abdication, la même opposition au gouvernement du Roi s'est de nouveau manifestée dans le parti constitutionnel avec encore plus de force que la première fois. Que ne puis-je épargner ces détails à V. M. ! Mais comment sauver la monarchie, si le mal n'est pas approfondi, et si l'on ne connaît pas tous les dangers ? Il n'y a point de prince étranger que, dans ce moment, ce même parti n'eût préféré d'obtenir ou de recevoir de la main des puissances. La prévention était portée à un tel point qu'il n'y avait qu'une seule exclusion : elle était pour la famille de nos anciens Rois.

V. M. ne peut s'empêcher de regarder comme un acte séditieux la déclaration de la chambre des représentans, qui tendait à régler le pouvoir royal avant que le trône fut occupé; la vérité est cependant qu'une multitude de français partageaient le même aveuglement et la même résistance, parce qu'ils avaient les mêmes craintes : chacun demandait des conditions ; chacun redoutait les réactions et les vengeances; on voulait des garanties, non contre V. M. dont on connaît la sagesse et la modération, mais contre les préventions si bien connues et tant de fois annoncées de ceux qui, par leur accès auprès du trône, peuvent avoir un jour l'intention et peut-être même le pouvoir de les faire triompher.

Que d'obstacles ne produira pas cette fatale disposition des esprits! Je ne suis entré dans ces détails si pénibles à entendre, que pour arriver à cette conséquence : les actes du gouvernement seront attaqués de nouveau, ils le sont déjà, et ce contrôle, sous le rapport des principes, passe pour un droit et même pour un devoir, quand il est exempt de mauvaises intentions. Les doctrines politiques sont aujourd'hui si généralement répandues en France, que le peuple croit pouvoir en être juge ; une demi-liberté, des concessions partielles, paraîtraient aussi insupportables que des prétentions absolues, elles exciteraient les mêmes commotions.

Ce que j'ai déjà dit de l'esprit public des départemens a montré dans quelles provinces le parti constitutionnel domine plus ou moins; ce même parti se fait aussi remarquer davantage dans certaine classe de citoyens. Les familles anciennement riches sont en général plus dévouées au Roi; il en est aussi dans les tribunaux, parmi les gens de justice, et dans le haut commerce : c'est au contraire la grande majorité de la petite bourgeoisie, des marchands et des petits propriétaires, qui est constitutionnelle, parce qu'elle a pris le plus de part à la révolution; les acquéreurs des biens nationaux et les familles des militaires ajoutent une grande force à ce parti : mais ce qui lui donne sur-tout une prépondérance irrésistible, c'est la masse des paysans, aujourd'hui très-éclairés et dans l'aisance, ennemis irréconciliables de la noblesse et du clergé, et dont la révolution a évidemment amélioré le sort.

La passion fait des calculs différens sur la force des partis, et elle arrive en effet à d'autres résultats ; ce qui est facile quand on compte le peuple pour rien. Je ne mets pas les bonapartistes au nombre des partis ; il n'y a, il ne peut même plus y avoir de bonapartistes, si ce n'est dans une petite portion de l'armée. Ce n'est point par attachement pour l'homme de ce parti, c'est encore moins par fidélité, qu'on a vu, dans le mois de mars dernier, une partie de la France s'associer pour un moment à ses destinées ; il ne dut le succès qu'à nos discordes, qui le firent regarder par les uns comme un libérateur, par les autres comme un instrument, et cet instrument donnait bien plus de craintes que d'espérances. Il n'y a point de parti sans chef. Bonaparte n'a eu trois mois d'une nouvelle existence que par des évènemens qui ne peuvent plus se renouveler. Tout ce qui pourrait être resté de bonapartistes se trouve donc rejeté et confondu dans les rangs des constitutionnels et des républicains.

J'en viens aux factions ; c'est principalement sous ce rapport que se trouve le danger de notre situation. Il est évident qu'il y a deux grandes factions dans l'état ; l'une défend les principes, l'autre marche à la contre-révolution. La force de ces deux factions est à mesure, d'un côté sont les nobles et le clergé, les anciens possesseurs de biens nationaux, les émigrés, les anciens royalistes, ce qui reste des anciens parlemens, des hommes éclairés, qui, de bonne foi, parce qu'ils n'ont rien appris depuis vingt ans, ne peuvent comprendre comment leur ancienne science serait en défaut ; un certain nombre encore, qui ne peuvent pardonner ce qu'ils ont abhorré, où qui, préférant à tout leur repos, n'espèrent le retrouver que dans l'ancien régime ; enfin, les individus et écrivains passionnés, qu'un esprit de haine pousse toujours aux mesures violentes, aux partis extrêmes : de l'autre côté est la presque totalité de la France, les constitutionnels, les républicains, l'armée actuelle et le peuple, toutes les classes des mécontens, et même une multitude de bons Français, non moins éclairés qu'attachés au Roi ; mais qui sont convaincus que toute tentative de contre - révolution , que même une simple tendance à l'ancien régime serait le signal d'une explosion semblable à celle de 1789, et aurait le même résultat. Il ne s'agit plus ici de simples opinions, une des factions est en mouvement, les hostilités commencent, la Vendée est organisée, des troupes se lèvent dans le midi avec des couleurs qui ne sont pas même royales, et déjà des bandes se sont montrées dans le Languedoc et dans la Provence ; on cherche aussi à agir sur l'opinion : dans la Capitale même, ceux qui desirent une contre-révolution le disent ouvertement ; ce qui est une manière d'y préparer les esprits. Plus loin un royalisme exalté répand ses doctrines et ne dissimule plus ses projets. L'autre faction, qui regarde l'exécution de ces projets comme impossible, n'agit point encore ; mais cette inaction se prolongera-t-elle long-tems, et qu'arrivera-t-il si le combat commence ? Dans de si graves circonstances, mon devoir est d'exprimer toute ma pensée à V. M.

Tant que la France sera occupée par des troupes étrangères, leur présence pourra contenir jusqu'à un certain point le parti populaire ; les autorités royales pourraient aussi, par leur vigilance, retarder ce danger : mais le moment viendrait où toutes les digues seraient renversées. Une guerre civile, quand la cause du Roi en est le prétexte, peut durer un peu plus longtems ; mais à la fin la masse du peuple l'emporte.

V. M. est plus convaincue que personne qu'on ne peut revenir aux anciennes doctrines de la monarchie. Tous les élémens de l'ancien régime ont disparu. Il n'y avait point alors de droits nationaux reconnus, mais le pouvoir était modifié par les usages, il était comme réglé et contenu par les habitudes. S'il n'y avait pas de lois fixes, il y avait des maximes de gouvernement ; il y avait un code invariable de modération, de douceur, d'équité et d'urbanité. Aucune passion n'était déchaînée, chacun était façonné à sa situation, on la supportait sans regrets. Une seule remarque peut faire juger de la différence de ces tems aux nôtres. Un impôt de plus, un de moins faisait alors la réputation d'un intendant, la gloire d'un ministre, l'éclat d'un règne. Dira-t-on que la France n'en était pas plus heureuse ? Il restera alors à expliquer comment la révolution s'est préparée pendant ce tems de bonheur. A quoi bon ces discussions? l'ancien régime ne peut se rétablir. La plus grande faute que puisse faire le gouvernement, c'est de ne pas distinguer ce qui est possible de ce qui ne l'est pas. Faire la guerre pendant tout un règne, ce n'est pas régner.

Pour ne rien taire à V. M. sur ce même sujet, je lui dirai qu'aucune conspiration particulière ne la menace dans ce moment. Nos dangers ne viennent que de notre situation; mais on peut concevoir pour l'avenir une conspiration d'un succès infaillible, et dont les desseins ne pourraient être prévenus ni arrêtés. Ce serait celle d'un ministère ou d'un parti de la Cour, qui, par l'erreur la plus grossière, ou par un aveugle dévouement à la cause royale, conseillerait ou favoriserait un plan de contre-révolution. Tout plan de cette nature renverserait de nouveau le trône avec fracas, et détruirait peut-être jusqu'à nos dernières espérances, la *dynastie de nos Rois.*

On a fait souvent une fausse démarche au sujet de l'ancien régime, en disant que les Français qui ont supporté la tyrannie de Bonaparte supporteraient bien plus facilement toute l'autorité royale. On se trompe en cela de plusieurs manières, parce que la position de Bonaparte n'a jamais été bien connue de l'étranger; sa tyrannie n'a pas été notre ouvrage, mais celui de l'Europe. Ce sont les Souverains qui l'ont consolidé par leurs alliances et même par leur amitié; et quand nous lui résistions, les autres peuples se rangeaient sous ses aigles, ou s'humiliaient devant lui. Toujours plus effrayé de l'intérieur que du dehors, il savait bien que s'il avait des armées contre les rois, il n'avait aucun pouvoir contre l'opinion publique; c'était par l'obéissance des étrangers qu'il essayait de nous courber sous le joug; il a marché à plus d'une victoire pour avoir un moyen de plus de réagir sur la France; vainqueur au-dehors, il était inquiet au-dedans, tout rassemblement du peuple, toute assemblée publique le faisait trembler; enfin, il n'a cessé de trouver, au milieu de sa cour et dans ses conseils, des hommes de courage qui, sans désobéir an monarque, bravaient du moins le despote. En supposant même qu'on eût souffert plus patiemment sa tyrannie, pourrait-on s'attendre aujourd'hui à la même soumission ? Il avait fait prendre le change sur la liberté, en la remplaçant par la gloire ; on n'avait rien à craindre sous son règne, ni du clergé, ni de la noblesse, ni des émigrés ; et s'il est parvenu à compromettre et à nous ravir plusieurs de nos droits, c'est pour cela même que tous les ressorts de l'opinion sont tendus pour les défendre. V. M. a pu en juger par tout ce qui s'est passé depuis quinze mois, des milliers d'hommes ont péri pour retarder la chute de l'ancien régime, il faudrait causer encore plus de maux pour le rétablir.

Notre état d'envahissement est une nouvelle source de divers dangers ; les uns concernent en partie les Souverains, les autres ébranlent dès ce moment le pouvoir du Roi.

Les ravages se multiplient et les subsistances s'épuisent. Sous ce rapport, la tranquillité publique n'a qu'une durée bien incertaine, le mot impossible s'applique à tout. Il y a dans les maux des bornes qu'on ne peut dépasser. Les contributions étant taries ou suspendues, on ne pourra faire face aux dépenses ; ce sera une nouvelle cause de désordres. En viendra-t-on à des contributions de guerre ? comment et par qui les exiger ? la plupart des contribuables ont déjà perdu leurs meubles et leurs bestiaux ; plusieurs ont perdu leurs habitations : c'est à main armée qu'il faudra achever de les dépouiller. La perception de chaque parcelle de l'impôt ne se fera que par un combat. Le mal s'aggravera encore par le séjour prolongé des armées étrangères, et cependant les Souverains ne songeront pas à les retirer avant d'avoir des garanties de notre repos, parce que leur tranquillité est liée à la nôtre. Nous devons désormais être ensemble en paix ou en guerre, dans les malheurs ou dans les prospérités.

Mille obstacles nouveaux naîtront de l'état où on laissera la France. Tout aura été anéanti, la fortune publique et les fortunes privées. Tout nous aura été enlevé, nous sortirons de cette guerre comme on sort d'un naufrage. A quel prix aura-t-on obtenu de jouir du gouvernement du Roi ! Ce moment sera-t-il celui de l'obéissance et de l'amour, ou celui des plaintes, des reproches et des accusations ? Les cœurs seront aigris; les passions, déjà exaltées, seront encore plus inflammables. La guerre, l'oppression, les exemples d'inhumanité, ont toujours eu pour résultat de rendre les mœurs plus violentes, et de produire un nouveau degré d'immoralité et de perversité dans le cœur de l'homme. Celui qui tue maintenant est un ennemi; mais qui ne ferait pas ce meurtre, tuera un jour son concitoyen par la même cupidité. On n'a pas calculé non plus les suites qu'aura ce rassemblement de tant de peuples inconnus l'un à l'autre et mêlés ensemble. Il n'y a plus ni famille, ni patrie, ni lois dans ce monde nouveau ; la civilisation est suspendue ; l'inondation de ces peuples déposera par - tout un ferment destructeur, un funeste élément, dont on ne tardera pas à reconnaître les effets pernicieux. Dans cette malheureuse situation dont il n'y a jamais eu d'exemple, quel bien pourra tenter V. M. ? Elle s'affligera avec ses peuples, et sa tendresse n'oubliera rien pour les consoler. Cependant il faudra s'attendre à une opposition bien plus vive que dans les tems ordinaires, et l'autorité sera plus faible, parce qu'elle aura besoin d'être conciliatrice. Si l'on parlait alors de réaction, tout un peuple s'écrierait : N'est-ce pas assez des malheurs publics ? Si l'on menaçait de restreindre la liberté, le peuple la défendrait avec une nouvelle énergie, comme le seul bien que l'ennemi lui aurait laissé.

C'est un peuple inconstant, c'est un peuple agité que V. M. aura à gouverner.

Il est vrai, Sire, que les qualités personnelles de V. M. feront disparaître ou applaniront une grande partie des obstacles. Elle est aimée, respectée ; la confiance qu'elle inspire est notre principal moyen de salut. Mais les destinées de la France ne sont pas dans ses seules mains. De fatales préventions se sont établies. On a fait craindre à un peuple défiant les règnes qui suivront celui de V. M. On se demande si l'on sera toujours gouverné avec la même modération, si l'on opposera toujours une barrière inviolable aux prétentions nobiliaires et au retour de l'ancien régime ; si les principes religieux s'uniront toujours à la même tolérance ; si la fermeté sera toujours tempérée par l'indulgence et par la bonté. Un instinct naturel porte tous les peuples à prévenir les maux et les biens qui les attendent, et dans leur bonheur comme dans leurs inquiétudes, ils comparent le règne présent avec les règnes qui le suivront. J'en fais la remarque, parce que cette circonstance a une influence inévitable sur la disposition des esprits, et que, si dans de certaines occasions elle rend le gouvernement plus facile, dans d'autres elle lui crée des obstacles, elle empêche même de l'affermir.

Jetons un dernier coup-d'œil sur la France, telle qu'elle sera après le départ des étrangers. Sera-t-elle en paix au-dedans? le combat des opinions aura-t-il cessé? les haines seront-elles éteintes? Il s'agit d'une nation sensible et fière, mais inquiète, vaine et jalouse. L'égalité et la liberté ont jeté de profondes racines dans les cœurs; l'ancienne noblesse et le clergé, en perdant leurs biens, ont perdu toute aptitude à redevenir des corps politiques dans l'état. Toute dispute sur les principes excitera des troubles, parce qu'il s'agira d'une dispute pour ou contre l'opinion publique. Dans les tems ordinaires, on fait peu d'attention aux mécontens, il est facile de contenir les séditieux ; mais dans notre situation, tous les genres d'oppositions, toutes les plaintes, seront des querelles de peuples à gouvernement. Le mal sera encore envenimé par la misère générale, nos finances seront détruites, il faudra réduire les dépenses et ôter leurs subsistances à des milliers de familles. Avant de trouver des fonctionnaires propres à la disposition des esprits, il faudra placer et déplacer, et pour chaque nomination les partis seront encore en présence. C'est toujours par le renouvellement de ces auxiliaires que l'autorité laisse découvrir ses desseins les plus cachés. Viendront après cela les dangers inséparables d'une représentation nationale, et ceux de la liberté de la presse, sans laquelle cependant il n'y aurait pas de liberté publique ; enfin, on aura à combattre, d'un côté l'opposition d'un parti nombreux et redoutable, qui ne laissera aucun repos à l'autorité aussi long-tems qu'il aura des craintes pour la liberté publique et pour lui-même, et d'un autre côté les prétentions d'un autre parti qu'aucune concession ne pourrait satisfaire, qui l'attache à la royauté, mais pour en partager la puissance, et qui sappe et ébranle le trône, par cela seul qu'il le prend pour son point d'appui.

Je n'aurais pas la pensée de mettre cet affligeant tableau sous les yeux de V. M., si je n'avais pas eu à lui proposer en même tems quelques mesures et un plan de gouvernement qui pourrait contribuer à rendre notre situation supportable.

On ne peut gouverner sans force physique ou sans force morale. La première ne peut se passer de la seconde; l'une et l'autre nous manquent.

La manière dont on formera l'armée décidera implicitement d'autres questions. On exciterait un bouleversement général, en laissant entrevoir par cette formation que le Roi ait le dessein de se faire une armée contre la liberté publique. Je l'ai déjà dit, il semble qu'il y ait deux peuples en France. Il faut donc se décider à les concilier, à se les attacher tous deux; sans quoi il s'allumerait une guerre que l'on ne pourrait plus éteindre : et quoiqu'il arrive, il faut du moins, pour régner, que V. M. soit avec sa nation.

On ne s'est pas encore servi, avec l'ancienne armée, du moyen tout puissant de la confiance.

Il n'est pas question de conserver cette armée ; il faut même changer jusqu'à ses dénominations, pour mieux rompre ses habitudes. Mais ne serait-il pas évidemment juste, en dissolvant les corps, de ménager autant qu'il sera possible les intérêts des individus. Le licenciement pourrait être fait avec la prudence et les règles d'un esprit de famille. Il y aura peu de danger à faire rentrer dans la société les soldats et les officiers qui le demanderont eux-mêmes , l'alternative de rester dans l'armée ou d'en sortir pourrait être proposée; on invitera ceux qui en sortant n'auraient besoin d'aucuns secours annuels, à en faire la déclaration ; de même qu'on inviterait les autres à demander seulement ce qu'il leur faudrait pour completter leurs moyens d'existence. Tous ceux qui auraient trop de regrets à quitter la seule profession qu'ils connaissent , seraient conservés , si l'on pouvait s'assurer de leur fidélité.

Si le gouvernement adopte en toutes choses de sages principes, on n'aura besoin que d'une petite armée ; elle ne saurait être trop réduite , car il sera alors bien plus facile de lui donner un bon esprit. V. M. a prévu beaucoup de dif-

ficultés en diminuant sa maison militaire. L'o-
pinion publique voit avec peine que l'on emploie
les Suisses. La solde qu'on accorde à un étranger est un moyen de subsistance que l'on enlève
à un sujet de l'état. En général et pour long-
tems, il sera indispensable de rejeter toutes les
mesures contre lesquelles il y aura une opposition dans l'opinion publique. On ne peut laisser
subsister les bandes du Midi; il faut aussi que
la Vendée redevienne ce qu'elle était il y a
quinze mois, et n'y plus voir, n'y voir à jamais
que des individus et des concitoyens. Les corps
vendéens ont des principes inconciliables avec
le repos de la France, une doctrine invétérée
du pouvoir absolu de spoliation des biens nationaux et de rétablissement de l'ancien régime.
On ne peut donc laisser la force publique dans
leurs mains; il y aurait une faction armée dans
l'état. Cela n'empêchera pas d'accorder des fa-
veurs et des places à ceux des Vendéens qui les
auront méritées. Le gouvernement pourrait appeler quelques-uns des chefs, et les employer
avec succès à remettre les contrées de l'Ouest
dans l'ordre accoutumé.

L'organisation de la force morale exige que

V. M. prenne une résolution ferme et immuable. Il faut partir du principe que l'opinion publique est entrée comme un élément dans l'art de gouverner, et qu'elle en a changé toutes les combinaisons. La France ne peut plus être gouvernée que par le régime constitutionnel, la question n'est pas d'étendre le pouvoir, la grande question est de conserver et de pouvoir régner.

Après cette première résolution, il faudra en venir à une seconde. Il y a deux régimes constitutionnels, bien différens l'un de l'autre. Dans l'un, le Roi accorde le moins qu'il peut ; alors tout devient obstacle, parce que tout devient de part et d'autre un objet de dispute. Il a fallu plusieurs siècles à l'Angleterre pour obtenir, l'une après l'autre, ses lois politiques. Cette lutte a plusieurs fois bouleversé l'état. Quand on retient l'espace qu'on laisse à la liberté du peuple, le premier soin de celui-ci est de fortifier aussitôt ce terrein ; il l'entoure de nouveaux ouvrages à chaque danger nouveau, et il finit par en faire une forte citadelle. Il aurait mieux valu dans le principe la lui accorder. Dans le second état du régime constitutionnel, il y a un ministère homogène et responsable. Le monarque qui est dépositaire de toute la puissance et de toute la majesté nationale, est comme placé, au moyen du ministère, dans une enceinte impénétrable, à l'abri de toutes les agitations politiques. La loi est également proposée par les chambres et par le gouvernement. Les trois branches de la législature défendent avec le même soin les droits du peuple et les prérogatives royales.

La loi constitutionnelle se forme de la même manière que les lois ordinaires, et la base de cet édifice est une constitution dans laquelle on a fait entrer scrupuleusement toutes les garanties de la liberté. Sous ces divers rapports, je ne puis dissimuler que la nouvelle chambre qui va se former, peut donner des inquiétudes ; il ne resterait aucun moyen de salut, si elle n'était pas constitutionnelle, et si les opinions *ultrà-royalistes* y dominaient.

Sous le rapport de l'union et de la pacification intérieure, V. M. aurait de grandes mesures à prendre. Toute union serait impossible avec des plans de réaction. Il y a eu des ordonnances d'exil. V. M. devait cet acte de répression à sa propre dignité, et chacun sent que d'autres circonstances ont pu encore nécessiter cette punition. Il est certain cependant que le parti constitutionnel a craint de voir dans ces premiers actes de l'autorité la couleur de tout un règne, comme il a dû voir les principes dans les ordonnances sur les colléges électoraux.

Les diverses idées que j'ai l'honneur de soumettre à V. M. sont peu différentes de celles qu'il aurait été plus facile d'adopter en 1814, et le monde entier peut juger du changement qu'un tel système aurait apporté dans notre situation et dans celle de toute l'Europe. Que de maux auraient été prévenus !

La même carrière est à parcourir, et les mêmes écueils sont devant nous; le ciel semble avoir voulu réserver à V. M. la plus grande de toutes les gloires, celle de mettre un terme à toutes nos révolutions. En 1814, les hommes qui nous agitent aujourd'hui, voulaient aussi frapper le passé en ne songeant ni au présent ni à l'avenir. Osons le dire : le passé n'a jamais été d'aucune considération pour les grands princes ni pour les hommes d'état, que pour y puiser des leçons. Le présent et l'avenir sont les deux seules boussoles des gouvernemens. Ce n'est pas de ce qu'on a fait, mais de ce qu'on fait, ce n'est pas de ce qu'on dit, mais de ce que l'on a dit, qu'il faut s'occuper principalement ; les réactions ne sont plus dans nos mœurs, et dès qu'une goutte de sang vient à couler dans une révolution politique, il n'y a plus aucune certitude qu'il n'en sera pas versé des torrens.

Si d'après les mesures que je propose il y avait encore quelques résistances partielles, on les contiendrait par la vigilance et par la fermeté : cette dernière qualité fut toujours celle des grands rois ; une autre qualité lui est cependant supérieure, c'est la prudence. Les Souverains, quelque grand que soit leur pouvoir, sont soumis à la commune loi de la nécessité. Il y a des tems où il faut calmer, au lieu d'aigrir; où il faut, avant tout, concilier, rassurer et faire espérer. Deux doctrines sont opposées ; commençons par décider laquelle des deux sera suivie, et si nous voulons remonter contre le torrent ou bien le descendre : s'il s'agit de le remonter, il n'y a rien à attendre de la fermeté, le despotisme même serait impuissant, la fermeté n'est que dans la modération. L'immortelle Catherine trouvait que le mot *justice* était trop fort pour l'homme, et qu'il ne pouvait supporter que l'*équité*.

Une fois que l'ordre sera rétabli, chacun sentira que l'indulgence sur le passé ne peut s'étendre au présent. La même fermeté, sous son double rapport de la force et de la modération, s'appliquera à tous les actes du gouvernement, à toutes les parties de l'ordre public; on ne souffrira aucune déviation, aucune négligence; tous les partis seront contenus; tous les écarts seront redressés; on punira avec sévérité tous les indiscrets qui se placeront en état d'hostilité envers le gouvernement.

Ces premiers succès ne suffiront point encore. En nous rapprochant de plus en plus de l'Angleterre, sous le rapport de l'étendue de nos libertés civiles et publiques, nous aurons l'avantage de nous rapprocher aussi de ces distinctions sociales, dont les unes se rattachent à la forme du gouvernement, et les autres à l'état extérieur d'une nation. Il n'y a à sauver de la révolution française que les droits et les principes que le tems a consacrés. Il faut nous mettre en harmonie avec toute l'Europe, pour avoir le moyen de prendre part à tous les avantages de la civilisation générale. Une habile direction de l'éducation publique atteindra bientôt ce but important. Les mœurs reprendront leur doux empire. Par les mêmes moyens, l'amour de la prospérité, le besoin de nous unir viendra de nos malheurs mêmes et de la nécessité de les réparer. C'est à cette union, c'est au bien qu'elle produira, que nous devrons un nouvel esprit public.

TROISIÈME RAPPORT,

FAISANT SUITE AUX 1ᵉʳ ET 2ᵉ,

PAR LE DUC D'OTRANTE.

SIRE,

EN mettant sous les yeux de V. M. le tableau aussi vrai qu'affligeant de la situation morale et politique de la France, en lui exposant les caractères et les moyens des diverses factions qui la divisent, je n'ai fait qu'indiquer l'existence possible d'un parti de la Cour qui *conseillerait ou favoriserait un plan de contre-révolution.*

Tout plan de cette nature, disais-je, *renverserait le trône avec fracas, et détruirait peut-étre jusqu'à nos dernières espérances, la dynastie de nos Rois.*

L'existence de ce parti n'est plus un problême ; il est généralement connu sous le nom de *parti des Princes.*

L'Europe sait, et la France n'oubliera jamais, avec quel noble désintéressement, avec quel dévouement vraiment français V. M. proclama et défendit les principes constitutionnels de la monarchie.

Appelé sur le trône, V. M. a suivi les mêmes systêmes, et la charte, qui est son ouvrage et notre garantie, a prouvé que le bonheur du peuple n'avait jamais cessé d'être l'objet de ses méditations et de ses vœux.

Mais il faut le dire, cette confiance, aussi étendue que méritée, qu'inspirent les lumières et les hautes vertus de V. M., ne s'étend pas aux membres de sa famille.

La très-grande majorité des Français désespère de retrouver dans les Princes appelés à lui succéder les mêmes intentions et les mêmes principes. Cette méfiance, étrangère à la personne de V. M., ne peut l'être à son cœur ; et sa bonté ne lui permet pas de voir des adversaires dans ceux que la nature, le malheur et la reconnaissance, lui ont donné pour défenseurs et pour amis.

Je vais affliger V. M. ; mais je ne puis, sans trahir mes devoirs et la confiance dont elle m'honore, lui laisser ignorer les dangers qui menacent ses droits les plus sacrés. Puis-je craindre de lui signaler des maux auxquels elle peut seule remédier ?

Dès les premiers mois du retour de V. M., en 1814, un parti se prononça avec un acharnement toujours croissant contre tout ce qui s'était fait depuis vingt-cinq ans. C'était peu de faire rétrograder la France à 1789, on voulait tout pour le Roi et par le Roi, l'ancienne monarchie avec toutes ses gothiques institutions: de-là ces craintes généralement répandues du rétablisssement des droits féodaux, des dîmes.

Le Français, heureux de sa confiance et de son amour pour V. M., n'opposait à ces vieilles prétentions que des chansons et des épigrammes. Mais bientôt des faits plus graves provoquèrent une résistance plus sérieuse, et cette lutte de la force et de la raison, contre les délirans écarts d'un double fanatisme, ne fut que suspendue par le retour de l'usurpateur.

A cette époque, les partisans de la monarchie

absolue confondaient dans leur haine tout ce qui se montrait hors de leur ligne, et se vantaient hautement de l'appui des personnes qui approchaient le plus du trône.

Tous ceux que leurs intérêts et leurs opinions attachaient à la révolution n'attendaient qu'un signal et qu'un chef, pour défendre leurs droits directement attaqués.

Les élémens de la guerre civile fermentaient sur tous les points de la France, quand l'usurpateur parut à deux cents lieues de la capitale. Il obtint, sans nulle apparence de danger, sans combat, sans obstacle, ce qu'il eût vainement tenté quelques mois auparavant avec une armée considérable et le prestige de sa prodigieuse réputation.

Les regrets, qui alors accompagnaient V. M. dans sa retraite au-delà des frontières, n'avaient que votre personne pour objet. Après les plus grands efforts pour se maintenir sur le territoire de la France, des Princes de votre maison se trouvèrent à l'Ouest et au Midi dans le plus humiliant isolement. Depuis le retour de V. M., ce parti a repris une allarmante consistance, et ne connaît plus ni considération ni mesure.

L'autorité de V. M. fut méconnue, un autre gouvernement royal fut organisé, des magistrats nommés par vous furent repoussés des villes dont V. M. leur confiait l'administration. Ce gouvernement proclama, à la place de votre nom, celui de Monseigneur et de Madame. Les acclamations publiques les saluaient sous les noms de Reine et de Roi du Midi. La couleur de leur maison remplaça la couleur blanche, qui est celle de la nation.

Des commissaires, prenant hardiment le titre et les attributions de ministres, organisaient toutes les magistratures et une force armée, et le nom de V. M. était aussi étranger à ces actes de souveraineté, que sa volonté. Ces abus se bornaient à quelques contrées, et depuis ils ne les ont pas dépassées. V. M. a solemnellement protesté contre ces scandaleuses usurpations ; mais quel coupable a été signalé et puni ? Comment croire au rétablissement sincère de l'ordre, quand les journaux étrangers attaquent les droits personnels de V. M. à l'hérédité du trône ? Ce n'est plus par un acte libre de V. M. qu'un autre y serait appelé ; mais par un droit indépendant de sa volonté.

Et ce droit est invoqué en faveur d'un Prince et d'une Princesse au nom desquels s'était élevée cette autre autorité rivale, dont l'existence vous est démontrée par les pièces nombreuses que j'ai mises sous les yeux de V. M.

Ce qui n'avait paru, il y a deux mois, qu'une conjecture hasardée, est aujourd'hui une évidente vérité. Qui a pu élever dans les journaux anglais ces longues discussions sur la loi salique? En faveur de qui conteste-t-on les principes de ce statut fondamental du droit d'hérédité au trône de France?

Ce n'est point comme question de droit public, sans motif déterminé, sans application réelle, que les journaux anglais présentent cette dissertation. Ils vous nomment, Sire; ils nomment la Princesse, votre nièce, et sans doute à l'insu de tous deux.

Et quand on rapproche de ces circonstances ce qui vient de se passer, ce qui se passe encore dans quelques parties du Nord et de l'Ouest de la France, peut-on douter un seul instant que, dans la crainte de voir la monarchie constitutionelle s'établir et se consolider sous le règne de V. M., on veut anticiper l'ordre d'hérédité consacré par l'usage constant de quatorze siècles? Notre siècle devait donc être celui de toutes les calamités politiques!

L'histoire entière de France répond aux innovateurs hardis, dont les factums nous arrivent par les gazettes anglaises, et sont appuyés, accrédités par de prétendus actes colportés dans tous les cercles. Ont-ils donc oublié que cette loi, constamment observée, n'avait été contestée, pour la première fois, qu'en 1316, par Jeanne, fille de Louis Huttin? Son oncle, Philippe V, ne fut-il pas, malgré ses prétentions, maintenu sur le trône de France?

Ont-ils donc oublié qu'Édouard, en 1328, éleva vainement les mêmes prétentions, comme fils d'Isabelle de France, sœur de Louis Huttin, de Philippe-le-Long et de Charles IV, qui régnèrent successivement, et moururent sans enfans mâles? Le droit de Philippe de Valois, consacré par la loi salique, ne fut-il pas de nouveau proclamé?

Pour la troisième et dernière fois, cette loi fut encore appliquée en faveur de votre aïeul,

Henri IV. Ce fut le 28 juin 1593 qu'un arrêt solemnel proscrivit les mêmes prétentions, hasardées par le chef de la ligue, de cette ligue dont le parti que je signale a tout le délire et toutes les fureurs. Tous ces faits sont connus de V. M., dont l'Europe estime la profonde érudition.

Ceux qui pouvaient méconnaître vos droits légitimes ne devaient pas épargner les ministres les plus dévoués à votre personne, et c'est par les mêmes canaux que circulent simultanément dans toute l'Europe les diatribes les plus virulentes contre eux. De semblables attaques ne peuvent m'effrayer; et dans tout autre tems, je n'en eusse point importuné V. M. Mais telle est la nature des projets formés contre les priviléges de votre couronne, que je suis sans autorité comme sans haine contre ceux qui les trament ou les protègent.

Une déclaration solemnelle, un désaveu formel, pourrait tout faire oublier. Mais cette déclaration, ce désaveu, qui peut le demander? Où s'arrêteraient les informations? Mes attributions ministérielles ne peuvent s'étendre jusque-là.

Sire, la douleur publique est à son comble; vous seul pouvez consoler les Français de tout ce qu'ils ont souffert. Il m'eût été aussi doux qu'honorable d'y contribuer sous vos auspices.

Je supplie V. M. de daigner reprendre le porte-feuille qu'elle a bien voulu me confier, et ne voir dans ma demande que l'expression de mon respectueux dévouement.

LES MINISTRES,

AU ROI.

—

Sire,

Votre Majesté daigna nous confier l'administration de ses États, lorsque l'Europe armée occupait les provinces du Nord, lorsqu'elle menaçait celles de l'Est et du Midi, lorsque la guerre civile était soudoyée et entretenue dans l'Ouest.

Une faction triomphante des partis comprimés par elle, mais non découragés; des masses de populations, devenues indifférentes par l'excès de leurs craintes ou de leurs souffrances aux évènemens qui peuvent se développer, prêtes à supporter tour-à-tour la tyrannie des factions, le joug des armées étrangères, jusqu'à ce que des infortunes plus grandes les soulèvent enfin contre leurs oppresseurs : Telle est la situation de votre royaume depuis votre retour.

L'amour de la patrie n'existait plus que sous les bannières tricolores. Le parti qui s'appelait *Royal* proscrivait, dans ses projets, les lois et les hommes qui ne commandaient pas la subversion de l'ordre social établi. La France dut-elle s'ensevelir sur ses propres ruines, et V. M. ne régner que sur des provinces désertes! Ce parti préfère la destruction de sa gloire, de sa force, de son existence politique, à la voir se consoler de ses infortunes, et réparer ses pertes sous les lois sages et libérales accordées par V. M. Ce parti devint hostile dans le Midi, dans l'Ouest et dans le Nord, parce qu'il se crut soutenu par l'autorité : les bons citoyens attendaient en silence la parole de V. M. ; aujourd'hui ils courent aux armes, dans l'Auvergne, dans les Cévènes, dans les Vosges, dans la Franche-Comté, dans l'Alsace.

Vous ne pouviez ignorer, Sire, quel était notre dévouement à votre personne sacrée.....
Nous connaissions les vœux et les besoins des Français ; nous les exprimâmes à V. M. avec une respectueuse franchise. Elle parut nous

entendre ; et lorsque nous quittons ses conseils, nous croyons qu'elle nous permettra de les retracer à sa pensée.

Les révolutions ont changé l'état des familles, renversé les fortunes qu'elles avaient élevées, fermé les carrières qu'elles avaient ouvertes, terni la gloire qu'elles avaient exaltée. Elles ont enseigné aux peuples qu'il n'y a de bonheur pour eux que sous un gouvernement qui devient stable, parce qu'il recrée l'état de famille en harmonie avec les mœurs du tems, parce qu'il consolide les fortunes qui existent, parce qu'il fonde l'honneur national sur les principes d'une immuable justice, qui est, pour les peuples entr'eux comme pour les individus, dans les rapports où l'état de société les place les uns envers les autres.

Si nous avions pu donner cette direction au gouvernement de V. M., les Français se seraient associés de cœur et d'intention aux efforts de leur Roi, qui promettait à leur union des institutions solides ; leurs intérêts se seraient confondus avec la gloire, l'amour et la sûreté du Prince. Les intérêts et les passions fanatiques, qui contrarient un ordre de choses si favorable au bonheur général, se taisent et s'amortissent avec le tems, ou se perdent dans le vague d'une opposition qui reste sans effet.

Vos sujets se seraient soumis à vos lois, quelles qu'eussent été leurs opinions ou leur ancienne existence.

Les partis républicains ou impériaux ne sont plus à craindre ; la masse de la nation ne veut que la liberté et de la tranquillité.

Les cabinets étrangers, en voyant les Français ralliés autour de votre trône, auraient borné des prétentions que vous pouviez combattre.

La constitution nous a rendu responsables des actes de votre autorité. Nous nous étions promis de la régler selon les principes que nous venons de développer. Bientôt il nous a fallu lutter contre l'ignorance, les passions, la haine des personnes qui vous entourent. Elles s'immiscèrent dans le gouvernement. Des ordres furent donnés, des mesures furent prises, auxquels nous n'eûmes point de part. Des commissaires royaux allèrent allumer, dans les provinces, le feu de la guerre civile ; mettre aux séditieux les armes à la main ; diriger leur férocité contre les citoyens paisibles ; s'agiter en tous sens, pour répandre l'effroi et la terreur..... Ils y parvinrent sans peine, lorsqu'ils annoncèrent que les étrangers étaient leurs auxiliaires ; lorsqu'ils profanaient le nom de V. M., en l'invoquant dans leurs discours ; lorsqu'au Midi, que l'étranger n'occupait point encore, ils promettaient 80,000 Espagnols !

Un maréchal de France est égorgé sur les bords du Rhône ; ses assassins ne sont ni recherchés ni punis ! Était-ce par l'oppression que l'on pouvait ramener à votre gouvernement ?

L'outrage est poussé plus loin, on prend dans quelques villes des couleurs autres que les vôtres ; des Français eux-mêmes veulent démembrer votre Royaume, et séparer le Nord du Midi.

V. M. a senti qu'il fallait ramener à la soumission les partisans aveugles d'une cause dont la légitimité était reconnue...... Nos ordres ne furent point écoutés ; des magistrats, que nous envoyâmes en votre nom, furent immolés par ceux qui agissaient *au nom du Roi*. Nous demeurâmes sans pouvoir ; des instructions se-

crètes rendaient nuls nos efforts et nos intentions : Que pouvaient faire alors les ministres
de V. M. ?

M. le duc d'Otrante , lorsque Napoléon
régnait encore , était parvenu, par des négo-
ciations, à désarmer la Vendée. V. M. était à
peine sur le trône, que l'insurrection éclata
dans la Vendée avec plus de violence que jamais. Quel pouvait en être le but après votre
rétablissement? Votre ministre de la guerre dé-
clara qu'il n'avait point de troupes pour soumettre ces provinces. Il n'était pas dans l'intention de votre Cour que l'on combattît cette
insurrection.

Nous ne pouvons vous le dissimuler, Sire,
c'est contre votre trône que ces coups se frap-
pent : vous souffrez que l'on méconnaisse le
pouvoir légal ; que celui des factions le rem-
place. Les factions font les révolutions. Celles
qui triomphent aujourd'hui peuvent être abat-
tues demain. V. M. n'aurait même plus leur
appui illégitime.

Vos ministres, toujours dévoués à votre personne royale, essayèrent encore de s'opposer

à cette action réactive. Les Princes de votre maison, les grands de votre Cour, appelèrent *crimes*, attentats à votre couronne, leurs efforts pour ramener l'ordre et la soumission aux lois. Nous perdîmes tout crédit auprès de V. M.; nous devenions coupables aux yeux de la nation.

Les élections furent faites ; une minorité factieuse les dirigea : cette minorité est seule représentée. Les choix que l'on a indiqués à V. M. pour la Chambre des Pairs sont faits dans le même esprit.

Ministres sans autorité, en butte aux persécutions de la Cour, sans soutien dans l'opinion publique, exposés à l'opposition des Chambres, qu'aurions-nous à opposer à la clameur des peuples, lorsqu'enfin ils demanderont compte de tant de maux ?

Cependant les étrangers possèdent la France en pays conquis. Aux discordes civiles ils ajoutent le ravage des provinces ; ils dévorent la subsistance des peuples, qu'une famine prochaine menace ; ils enlèvent les magasins d'armes, les munitions de guerre, les canons des remparts de vos villes. Le drapeau blanc ne flotte plus que sur des débris. Ils font disparaître des monumens publics les signes de notre ancienne gloire ; ils vont s'emparer des monumens des arts, qui nous restent seuls de vingt ans de conquêtes.

C'est ce déshonneur, Sire, que les nations pardonnent le moins ; et V. M. est restée muette sur ces attentats à l'honneur national.

Nous ignorâmes long-tems que des traités secrets vous liaient à ces étrangers. V. M. avait voulu négocier elle-même. Nous ne pûmes empêcher le licenciement de l'armée. Cette mesure consommée laisse la France et votre personne au pouvoir de l'étranger.

Qu'avait à craindre votre maison de cette armée? Napoléon n'existe plus pour la France : les couleurs nationales accordées, quelques concessions faites à l'opinion publique, cette armée devenait la vôtre, elle vous servait de résistance aux ambitions de vos alliés. Fallait-il s'abandonner aux combinaisons et aux séductions de votre Cour et des Princes étrangers? Votre Cour est égarée par ses préjugés. Les

Souverains étrangers ont des intérêts opposés aux vôtres. L'Empereur de Russie était peut-être le seul que vous pussiez croire sincère dans ses promesses.

Les Alliés s'opposent en ce moment aux recrutemens des Légions Départementales.

Tel est le malheur où des conseils passionnés ont jeté V. M., que ses sujets se trouvent presque par-tout en opposition ou en armes les uns contre les autres, et que presque par-tout les partisans de votre maison sont le plus petit nombre.

Les Français, humiliés et mécontens, sont prêts à se porter aux dernières extrémités.

V. M. n'a plus rien à opposer aux prétentions des étrangers. Ils lui ont présenté un traité qui consommerait la ruine de la nation, qui l'entacherait d'une honte éternelle. Nous n'avons pas cru devoir y donner notre assentiment, qui nous rendrait coupables envers cette nation que l'on pourra humilier, que l'on ne pourra point abattre. Depuis que V. M. nous a confié l'autorité de ministres, nous avons toujours été sans pouvoir de faire le bien, sans pouvoir pour empêcher le mal. Nos opinions n'ont eu aucune influence : les cabales de votre Cour ont prévalu. Nous avons dû obéir, par respect pour V. M., et revêtir de notre signature des actes que nous désaprouvions. Nous aurions sacrifié notre vie pour sauver V. M. et la patrie. Nous ne livrerons point nos têtes coupables aux fureurs populaires, pour conspirer la perte de V. M. et de la patrie.

Qu'ils sachent, ceux qui sont près de V. M., que les révolutions qu'ils susciteront n'entoureront le vaisseau de l'État que de nouveaux écueils ; qu'elles donneront aux factions qui vous sont contraires les projets de chercher un lieu de repos hors de l'autorité légitime de V. M. ; qu'elles éleveront des prétentions au trône où vous êtes monté.

Ce n'est pas par une faction que V. M. doit gouverner, mais par une constitution, par sa prérogative royale, reconnue et établie.

Qu'elle tremble cette faction d'en suspendre les effets, pour mettre ses passions à leur place! Ses agens en seraient les premières victimes et les causes des plus grands malheurs pour V. M.

Nous avons la conviction que nous ne pouvons plus continuer à faire le bien de vos sujets, que nous ne pouvons plus gouverner dans l'esprit des conseils qui dirigent V. M. Elle saura, sans doute, plus que notre zèle et nos efforts, remédier aux maux qui affligent l'État.

C'est pourquoi nous osons la supplier de croire aux regrets que nous éprouvons de ne pouvoir continuer plus long-tems à la servir, et aux vœux que nous formons pour la prospérité de sa maison et le salut de la France.